# DE L'INSTITUT

DES

# RELIGIEUSES AUXILIATRICES

## DES AMES DU PURGATOIRE

1856-1879

PAR

**LE P. MARCEL BOUIX**

De la Compagnie de Jésus

DEUXIÈME ÉDITION

PARIS

IMPRIMERIE SAINT-GÉNÉROSUS

J. MERSCH

33, BOULEVARD D'ENFER, 33

1879

# AUXILIATRICES
## DU PURGATOIRE

# DE L'INSTITUT

DES

# RELIGIEUSES AUXILIATRICES

## DES AMES DU PURGATOIRE

1856-1879

PAR

**LE P. MARCEL BOUIX**

De la Compagnie de Jésus

DEUXIÈME ÉDITION

PARIS

IMPRIMERIE SAINT-GÉNÉRORUS

J. MERSCH

33, BOULEVARD D'ENFER, 33

1879

DE L'INSTITUT

DES

# RELIGIEUSES AUXILIATRICES

DES AMES DU PURGATOIRE

1856-1879

---

Pour opérer les plus grandes choses dans son Église, Dieu se sert souvent du concours d'humbles vierges. Sainte Julienne est élue par lui pour donner au culte du très-saint Sacrement toute sa splendeur. Il suscite la Bienheureuse Marguerite-Marie pour révéler les richesses infinies de grâce et d'amour du Cœur de Jésus-Christ, et pour le faire honorer d'un culte universel. Au commencement de ce siècle, par une vierge chrétienne, il crée à Lyon l'Œuvre de la propagation de la foi, secours si puissant pour les apôtres de l'Église militante. Naguère, par une autre vierge chrétienne, il fonde à Paris un institut voué au secours de l'Église souffrante, l'institut des religieuses Auxiliatrices des âmes du purgatoire.

Cette Œuvre de la propagation de la foi, et cet Institut destiné à secourir l'Église souffrante, sont visiblement l'ouvrage de la droite du Très-Haut : *Opus dexteræ Excelsi.*

Dans les grands siècles de foi, c'étaient les monarques, les princes, les grands, qui dotaient les missions. Ces monarchies catholiques n'existent plus. Dieu, qui veut que le son de la parole apostolique continue de retentir jusqu'aux contrées les plus reculées de la terre, a substitué aux dotations royales les centimes des simples fidèles, le denier des associés de la Propagation de la foi, et cet humble tribut est plus fécond, plus assuré, que les subsides des rois.

De même, dans ces grands siècles où Jésus-Christ régnait en souverain sur la société chrétienne, les rois, les princes, les grands, les familles, faisaient une part grandiose de leurs biens à l'Église souffrante. Ils laissaient de magnifiques dotations pour les âmes du purgatoire ; ils fondaient, en leur faveur, des bénéfices jusqu'à la fin du monde. Il y avait des sanctuaires, des autels, où le saint Sacrifice devait être offert à perpétuité. Rien de plus touchant que ces admirables créations de la foi de nos pères. Dans le monde catholique, il se disait chaque jour un nombre prodigieux de messes pour le rafraîchissement et la délivrance des âmes du purgatoire. A ces époques de foi, les morts étaient enterrés dans les églises, ou dans l'enceinte qui les entourait. Les familles chrétiennes venaient s'agenouiller et prier sur leurs tombes. Elles faisaient célébrer les messes qu'ils avaient prescrites dans leur testament ; elles acquittaient les legs pieux ; elles gagnaient les indulgences ; elles offraient des communions ; elles donnaient des aumônes, pour le repos et la délivrance de leurs âmes. En un mot, dans ces siècles de foi, le culte des morts jetait un éclat incomparable dans l'Église de Dieu.

Des révolutions impies ont emporté ces riches et innombrables dotations des âmes du purgatoire. Le patri moine des morts a été sacrilégement envahi ; il est devenu la proie des ennemis du Christ et de son Église.

Pour réparer les ruines de tant de pieuses fondations de nos pères en faveur des âmes du purgatoire ; pour venger les morts de ces spoliations impies ; pour leur rendre un patrimoine non moins riche et plus assuré que celui dont ils jouissaient aux plus beaux siècles de la foi, il ne faut à Dieu que le concours d'une humble vierge. Il fonde par elle, dans la capitale de la France, un Institut qui va être pour l'Eglise souffrante ce qu'est l'Œuvre de la propagation de la foi pour l'Église militante. L'organisation de ce nouvel Institut est simple et puissante comme celle de l'Œuvre de la propagation de la foi.

Cet Institut, dont la fin directe est d'apporter, par tous les moyens que suggère la foi, secours et rafraîchissement aux âmes du purgatoire, comprend trois classes de personnes : des religieuses proprement dites, un tiers-ordre, et des membres honoraires.

En tête de ces légions chrétiennes marchent les religieuses, les vierges qui, se consacrant à JÉSUS-CHRIST sous cette sainte bannière, lui font vœu d'être à la vie et à la mort les Auxiliatrices des âmes du purgatoire. En faveur de ces âmes, elles se lient par les trois vœux de religion, et elles leur offrent tous les sacrifices qui résultent de ce triple lien. Elles les secourent par leurs prières, par leurs oraisons, par leurs pénitences, par leurs communions, par les indulgences qu'elles leur appliquent ou gagnent pour elles, par toutes les œuvres de miséricorde spirituelle et corporelle à l'égard du prochain. Ce n'est pas assez : voulant porter la noblesse de leur dévouement à tout ce qu'il peut avoir de plus délicat, de plus absolu, de plus héroïque, elle font cession aux âmes du purgatoire de la valeur satisfactoire de toutes les bonnes œuvres qu'elles peuvent faire dans le cours de leur vie. Enfin, et c'est là le moyen suprême, elles viennent à leur secours, en faisant offrir pour elles le saint sacrifice de l'autel.

On dirait que JÉSUS-CHRIST, qui dans le ciel est enchainé par sa justice à l'égard des âmes du purgatoire, et qui ne peut ouvrir son Cœur à la miséricorde envers elles, s'est substitué sur la terre, dans la Société de ces vierges, un cœur mystique, toujours ouvert à la Compassion et à la miséricorde, toujours occupé à fléchir la justice du souverain Juge, et à hâter ainsi le moment de la délivrance de ces âmes captives.

Mais pour exercer son action sur toute la société catholique, pour devenir populaire comme les grands ordres religieux du moyen-âge, et comme l'Œuvre moderne de la propagation de la foi, l'institut des Auxiliatrices du purgatoire devait avoir un tiers-ordre, et des membres honoraires. Le tiers-ordre devait être tel, qu'il exerçât la plus grande action possible. C'est pourquoi il se compose de dames, de veuves, de vierges, appartenant aux rangs élevés de la société. Pour le dévouement aux âmes du purgatoire, on comprend qu'elles s'efforcent d'imiter les religieuses Auxiliatrices. Voulant délivrer des feux de cette prison les âmes qui leur furent les plus chères en ce monde, elles s'estiment souverainement heureuses de prier en union avec ces vierges qui se sont offertes en holocauste à Dieu pour obtenir cette délivrance. Grâce à cette union de prières, à ce privilège du tiers-ordre, elles ont la consolation de hâter le moment où les âmes de ces époux, de ces parents chrétiens, s'élancent du fond de leur cachot dans les bras de leur Dieu.

Mais comme toutes les âmes retenues dans les feux de l'expiation ne font qu'un en JÉSUS-CHRIST, tout en priant pour celles qui ont un droit spécial à leurs prières, ces ferventes associées embrassent dans leur charité toutes les âmes des fidèles qui se purifient au sein de ces feux. A l'exemple des religieuses Auxiliatrices, et en union avec elles, elles secourent ces âmes, par la prière, l'aumône, la pénitence, les bonnes œuvres, par les communions, les indulgences gagnées, par les messes qu'elles font dire. Les dames du tiers-ordre se vouent d'une manière spéciale aux œuvres de miséricorde spirituelle et temporelle. Par leur position et leur rang, elles peuvent avec plus de facilité et de fruit exercer ces œuvres auprès des pauvres, des malades, des familles nécessiteuses.

Par leurs relations sociales, elles peuvent aussi propager avec plus de succès l'esprit de l'Institut auquel elles se sont liées.

Ces dames, bien que répandues en France et à l'étranger, ne peuvent prononcer la consécration par laquelle elles se dévouent au soulagement des âmes du purgatoire, que dans les maisons de l'Institut.

Sa Sainteté Pie IX a daigné bénir et enrichir d'indulgences le tiers-ordre, et l'affilier à la confrérie de Notre-Dame-du-Suffrage de Rome.

Les associées du tiers-ordre ont le précieux avantage de se réunir de temps en temps dans les maisons de l'Institut. Là, outre qu'elles s'encouragent pour leurs œuvres, elles trouvent toutes sortes de biens spirituels pour leurs âmes.

En dehors du tiers-ordre, l'Institut des Auxiliatrices du purgatoire a d'autres associés, sous le titre de membres honoraires : ces membres honoraires peuvent être agrégés à l'Institut dans quelque partie du monde que ce soit. De concert avec les religieuses et les dames du tiers-ordre. ils concourent au soulagement des âmes du purgatoire. Quel que soit le rang, l'état, la dignité que l'on ait dans le monde, on peut se lier à l'Institut des Auxiliatrices à titre de membre honoraire. Et il est aussi facile d'obtenir ce titre que celui d'associé de la Propagation de la foi.

Une famille chrétienne peut être associée. Une communauté religieuse peut également l'être, et non-seulement une communauté, mais une congrégation religieuse tout entière peut jouir de ce privilège.

Les membres honoraires secourent les âmes du purgatoire par leurs prières, leurs bonnes œuvres, la communion, les indulgences qu'ils leur appliquent, et par dessus tout en faisant offrir le saint sacrifice pour elles.

Les prêtres séculiers et réguliers qui s'agrègent à l'Institut, disent un certain nombre de messes pour les âmes du purgatoire.

Telle est l'organisation simple, mais féconde, de l'Institut des religieuses Auxiliatrices des âmes du purgatoire.

Cette œuvre marchera de front avec l'Œuvre de la propagation de la foi. L'une et l'autre s'enracineront de plus en plus dans le sol de l'Église catholique. Leur forme constitutive leur donne une puissance inaccessible aux persécutions des impies. Dans l'une et dans l'autre, la puissance ira toujours croissant. Depuis qu'elle est fondée, l'Œuvre de la propagation de la foi, malgré les tempêtes politiques, n'a fait que grandir, présage assuré de ses accroissements dans les temps futurs. De même, l'Œuvre des Auxiliatrices du purgatoire. depuis sa fondation, n'a fait que prospérer et grandir. La première de ces œuvres a déjà, et la seconde ne tardera pas à avoir, des trésors ou des tributs annuels qu'aucun pouvoir humain ne pourrait ni offrir ni assurer. Les revenus ou les trésors annuels de l'Œuvre de la propagation de la foi pour l'Église militante sont assez connus. Quels sont les tributs actuels que l'Œuvre des Auxiliatrices apporte à l'Église souffrante, et quels sont les tributs en espérance ou ses trésors dans l'avenir?

L'Institut ne date en quelque sorte que d'hier. Fondé à Paris le 19 janvier 1856, il n'a encore que vingt-trois ans d'existence. Eh bien! cet Institut, approuvé par Pie IX et par Léon XIII, est déjà en Orient : il compte deux maisons en Chine. En Europe, outre la maison-mère à Paris, et celle de Montmartre qui va être fondée, outre la maison de Nantes, celle d'Orléans, celle de Cannes, celle de Tourcoing, il a une maison en Angleterre et une autre en Belgique : il est à Londres et à Bruxelles.

A la maison que les religieuses Auxiliatrices vont occuper à Montmartre, se rattachent des souvenirs infiniment chers à l'Église, à la France, à la Compagnie de Jésus. Dans l'emplacement que la Providence leur a réservé se trouvait autrefois la crypte du martyre. Cette crypte, bâtie dans l'endroit même où saint Denis, premier apôtre de Paris, avait été mis à mort avec ses deux compagnons Rustique et Eleuthère, devait perpétuer la mémoire de leur martyre. Elle avait été dédiée sous le vocable de la très-sainte Vierge et des martyrs; c'est pourquoi on l'appelait Notre-Dame de Montmartre. On ne saurait dire ce qu'était ce sanctuaire pour nos ancêtres. Les rois de France, les grands, le peuple, les princes de l'Église, les évêques, le clergé, les religieux, allaient invoquer Notre-Dame de Montmartre et saint Denis, et leur recommandaient leurs personnes et leurs intérêts les plus sacrés. C'est dans ce sanctuaire, en présence de Notre-Dame de Montmartre, que saint Ignace et ses compagnons prononcèrent leurs premiers vœux le jour de l'Assomption de la très sainte Vierge de l'année 1534. Pierre Le Fèvre, invoqué aujourd'hui comme Bienheureux, et alors seul prêtre parmi ses compagnons, offrit le saint Sacrifice et reçut les engagements d'Ignace et de ses fils spirituels avant de leur donner la sainte communion. Les deux années qui suivirent, ils allèrent tous le même jour renouveler leurs vœux à Notre-Dame de Montmartre. Cette crypte du martyre, ce sanctuaire de Notre-Dame de Montmartre est donc le berceau de la Compagnie de JÉSUS.

Dans leur amour filial envers saint Ignace, les Jésuites de France voulurent éterniser le souvenir de ce grand jour. Au-dessus d'un autel de la cryte, ils placèrent un tableau représentant la cérémonie des vœux, et dans le mur ils fixèrent une plaque de bronze doré portant ces inscriptions :

Siste, spectator, atque in hoc
Martyrum sepulchro probati
Ordinis cunas lege.

Societas JESU
Quæ sanctum Ignatium Loyolam
Patrem agnoscit, Lutetiam matrem,
Anno salutis MDXXXIV.
Aug. XV.

Arrête, spectateur, et dans ce tombeau des Martyrs lis le berceau d'un grand ordre religieux.

La Société de Jésus, qui reconnait saint Ignace de Loyola pour père, et la ville de Paris pour mère, l'an du salut 1534.
15 août.

| | |
|---|---|
| Hic nata est<br>Cum Ignatius ipse et socii,<br>Votis sub sacram synaxim<br>Religiose conceptis,<br>Se Deo in perpetuum<br>Consecraverunt. | Elle a pris naissance ici le jour où Ignace lui-même et ses compagnons, avant de communier, prononçant leurs vœux de religion, se consacrèrent pour toujours à Dieu. |

Au bas du tableau on lisait :

| | |
|---|---|
| Sacra et pia societatis JESU incunabula. | Saints et pieux commencements de la Société de Jesus. |
| Parentibus optimis filii posuere. | A d'excellents pères, leurs fils. |

Après saint Ignace, les autres fondateurs qui ont illustré l'Église, se sont rendus, à son exemple, à la crypte du martyre, pour mettre leurs nouvelles familles sous la protection de Notre-Dame de Montmartre et de saint Denis. Saint François de Sales, saint Vincent de Paul, le bienheureux Pierre Fourrier, M. Olier, fondateur de Saint-Sulpice, Mlle Acarie, aujourd'hui la bienheureuse Marie de l'Incarnation, fondatrice du Carmel en France, se sont agenouillés tour à tour à l'endroit même où saint Ignace, saint François Xavier, le bienheureux Pierre Le Fèvre et leurs compagnons s'étaient agenouillés devant la Reine des martyrs.

La crypte du martyre était enclavée, comme on sait, dans la vaste enceinte d'une abbaye de Bénédictines. A la révolution impie du dernier siècle, ces monuments furent rasés : il ne resta plus de vestige ni de l'abbaye ni du sanctuaire de Notre-Dame de Montmartre. Ce ne fut plus qu'un terrain désert. Vers 1830, les Pères de la Compagnie qui étaient à Paris achetèrent une partie de ce terrain, celle qui correspondait à la crypte. Plus tard, M. Le Rebours, curé actuel de La Madeleine, à Paris, acheta une portion plus considérable encore du terrain adjacent. Avec ce profond sentiment des choses de la foi qui le caractérise, M. Le Rebours, à l'exemple des Pères de la Compagnie, a offert en don ce sol sacré à la nouvelle colonie des Auxiliatrices du purgatoire. Le moment ne serait-il pas arrivé de reconstruire la crypte du martyre, telle que nos pères l'ont vue?

Revenons aux tributs actuels que l'Œuvre des Auxiliatrices apporte à l'Église souffrante.

Aujourd'hui, en l'an de grâce 1879, le nouvel Institut possède dix maisons, en y comprenant celle de Montmartre où les religieuses viennent de s'établir, et, par conséquent, dix grands centres de réunion pour les dames du tiers-ordre. Il compte un très-grand nombre de membres honoraires répandus dans toutes les contrées du monde; deux cent quatre-vingt-dix congrégations et maisons religieuses associées, tant en France qu'en Angleterre, en Irlande, en Écosse, en Belgique, en Autriche, en Italie, en Prusse, en Amérique, qui offrent par an plus de trois cent mille communions.

L'Institut compte, en outre, parmi les membres honoraires, huit cent cinquante prêtres séculiers ou réguliers qui offrent par an aux âmes du purgatoire neuf mille deux cents messes.

A ces messes il faut ajouter celles que l'Institut, les dames du tiers-ordre et les membres honoraires ont la dévotion de faire dire pour les âmes du purgatoire.

Enfin, outre les messes et les communions en si grand nombre, l'institut des Auxiliatrices offre annuellement à l'Église souffrante un riche tribut connu de Dieu seul, de prières, d'aumônes, de bonnes œuvres, d'œuvres de miséricorde spirituelle et corporelle, d'indulgences appliquées aux morts ; et les religieuses, en particulier, leur cèdent, comme nous l'avons dit, toute la valeur satisfactoire de leurs bonnes œuvres.

Voilà pour le présent. Quels seront à l'avenir les trésors ou tributs annuels que l'Institut des Auxiliatrices du purgatoire apportera à l'Église souffrante? Il est facile de l'entrevoir.

Il fallait à cet Institut l'approbation du Saint-Siège Maintenant qu'il est approuvé par Pie IX, que Léon XIII l'a approuvé par son Bref du 25 juin 1878, rien n'arrête plus ses progrès et ses développements. Dans la catholicité tout entière, on aspirera à s'agréger à ce pieux

Institut. Dans les grands centres, les évêques voudront avoir des Auxiliatrices du purgatoire. Paris, Londres, Bruxelles, les possèdent déjà ; en France, les grandes villes du royaume les réclament. Quelque florissant que soit le noviciat de la maison-mère de Paris, les sujets ne peuvent néanmoins suffire pour les fondations qu'on demande. Mais l'Institut, qui désormais va être connu dans les diverses contrées de l'Église, verra se multiplier les vocations ; de nouvelles maisons seront fondées, et avec elles, de nouveaux centres de tiers-ordres, et de nouvelles légions de membres honoraires.

Comme le nombre des religieuses Auxiliatrices, des dames associées et des membres honoraires va grandir d'année en année, les tributs annuels que l'Institut offrira aux âmes du purgatoire croîtront d'année en année. Et avant peu d'années, les âmes du purgatoire auront autant de messes qu'en avaient fondées jadis la munificence des monarques catholiques et la foi de nos ancêtres. Elles en auront incomparablement plus que n'en pourrait fonder aujourd'hui aucun pouvoir humain. Ainsi l'Église souffrante du purgatoire verra l'Église militante de la terre lui venir sans cesse en aide. Il faudra compter par milliers et par milliers les prières, les bonnes œuvres, les communions offertes, les indulgences gagnées et les messes dites pour le soulagement et la délivrance des âmes du purgatoire. Ces âmes sont aujorud'hui aussi chères à Dieu qu'elles l'étaient au moyen-âge dans les plus grands siècles de foi. Les sources d'où leur venaient alors les grands secours sont taries : DIEU en crée de nouvelles. L'humble institut des Auxiliatrices du purgatoire, dont il vient de doter son Église, égalera tout ce qu'avait fait le moyen-âge en faveur des morts. Ainsi cet Institut est un arbre qui étendra ses rameaux jusqu'aux derniers confins de la terre.

Cet Institut est admirablement conforme à l'esprit de l'Église. Comme une tendre mère, l'Église s'occupe sans cesse des âmes du purgatoire. Elle offre le divin sacrifice pour les vivants et pour les morts. Elle accorde des indulgences pour leur allègement et leur délivrance. Le jour qui suit la fête de tous les saints, elle veut que tous les prêtres offrent le saint sacrifice pour les morts. Elle invite tous les fidèles à prier pour eux, à les secourir par les bonnes œuvres, les indulgences, les communions ; elle souhaite que tous les fidèles ne forment qu'un cœur et qu'une âme, pour fléchir la justice divine et hâter le moment de la délivrance des âmes du purgatoire ; elle leur met sur les lèvres cette prière qu'elle fait monter chaque jour et à chaque heure vers le trône de DIEU : *Absolve, Domine, animas omnium fidelium defunctorum.*

Mais, pour réaliser ce vœu de l'Église, qui ne voit combien il est utile qu'il y ait, parmi les fidèles, des personnes spécialement députées pour remplir cet office de miséricorde, et que ces personnes forment une société spéciale, société composée d'abord de religieuses, ensuite d'un tiers-ordre de veuves, de dames, de vierges chrétiennes, enfin de membres honoraires pris dans tous les rangs de la société?

Qu'elle est belle, qu'elle est sainte, la mission remplie par cette société ! Et que cette société est digne de la dénomination d'Auxiliatrices des âmes du purgatoire!

La Sœur hospitalière, à quelque congrégation qu'elle appartienne, soigne les corps des pauvres et des malades. La religieuse Auxiliatrice soigne les âmes des défunts qui sont en purgatoire. Les plus vastes hôpitaux contiennent mille, deux mille malades, quatre mille au plus ; mais dans un hôpital la sœur n'a qu'une section, un nombre limité de malades à soigner.

La religieuse Auxiliatrice a un domaine incomparablement plus étendu et plus peuplé à soigner. C'est la demeure entière où sont les âmes du purgatoire, et elles y sont par milliers.

La sœur des hôpitaux n'a à consoler les douleurs morales que d'un petit nombre de pauvres ou de malades.

La religieuse Auxiliatrice a à consoler les douleurs des âmes innombrables qui sont retenues dans les feux du purgatoire par la justice divine. Chaque jour, elle a à visiter dans cette prison de feu toutes les âmes captives, sans en excepter une seule, et, par sa visite, elle doit alléger les souffrances de chacune. Ainsi les affections des religieuses Auxiliatrices se portent sur l'Église souffrante tout entière. Pas une âme du purgatoire qui ne soit l'objet de leur sollicitude, de leur tendre charité, de leur zèle maternel. Il n'en est pas une à laquelle elles n'apportent chaque jour rafraîchissement, et dont elles ne hâtent la délivrance.

Elles disposent pour cela d'une immense puissance que l'Église leur met en main. La Société fait dire chaque jour un très-grand nombre de messes pour les âmes du purgatoire. Les communions des religieuses, des dames du tiers-ordre, des membres honoraires, sont offertes pour elles ; les indulgences sont gagnées en leur faveur. Les Auxiliatrices adressent à Dieu les plus ferventes supplications pour ces âmes, au soulagement desquelles elles se sont offertes en holocauste. Toutes les œuvres de la journée ont pour but la plus grande gloire de Dieu, par le soulagement des âmes du purgatoire. Les visites aux pauvres, aux malades, les œuvres de miséricorde spirituelle et corporelle, se font en vue de soulager ces saintes âmes si chères à Dieu. En un mot, les ministères de la Société, soit en Europe, soit dans les missions, tendent tous à atteindre une fin si belle aux yeux de la foi.

Quelle consolation, quel privilège pour ces religieuses d'exercer ainsi constamment une action de miséricorde et de rafraîchissement sur ces âmes qui souffrent, et de répondre à ce cri de douleur incessamment répété par chacune d'elles : « Ayez compassion de moi, ayez compassion de moi, vous du moins qui êtes mes amis : *Miseremini meî, miseremini meî, saltem vos amici mei !*

Quelle joie céleste pour ces Auxiliatrices de voir, de l'œil de la foi, ces âmes sortir du purgatoire et s'élancer dans les bras de leur Dieu ! Et chaque jour elles ont ce bonheur. Car de même que chaque jour il entre dans le purgatoire un certain nombre d'âmes, de même aussi chaque jour il en sort un certain nombre.

Quelle perspective pour elles à la fin de chaque journée ! Et comme les lassitudes du travail, les souffrances, les peines de l'esprit, les macérations infligées au corps, se perdent suavement dans la contemplation du tableau qui est devant elles ! Tandis que la nuit pèse sur la terre, et qu'elles vont prendre quelques heures d'un sommeil réparateur, la foi leur montre, au ciel, les âmes délivrées dans le cours de cette journée. Ces âmes, tout à coup, en moins de temps qu'un éclair, secouant le vêtement de flammes qui les enveloppait, se voient au sein de la lumière incréée, revêtues de la gloire de DIEU, unies à DIEU pour l'éternité, et submergées dans sa béatitude infinie ! — Soyez béni, ô DIEU, soyez éternellement béni d'avoir daigné vous servir de nous pour hâter le moment de la délivrance de ces âmes ! Qu'elles vous possèdent à jamais, et que, pendant toute l'éternité, elles s'abreuvent à la source de vos divines délices ! Et vous, ô notre grand DIEU et notre Père, daignez avec elles vous souvenir de nous !

Si l'on considère le résultat final de cette mission de miséricorde exercée par la société des Auxiliatrices des âmes du purgatoire, c'est quelque chose qui ravit ! En effet, qu'une Auxiliatrice vive vingt, trente, quarante, cinquante ans dans la Société, elle aura chaque jour de sa vie concouru à hâter la délivrance de toutes les âmes qui sortiront du purgatoire dans le cours de ces années ; et quelles légions il en sort dans un demi-siècle !

Le purgatoire est une cité dont la justice miséricordieuse de DIEU a jeté les fondements ; elle a deux portes, l'une qui communique avec la terre, et l'autre qui communique avec le ciel. Enveloppées et pénétrées des feux qui les purifient, les âmes ont à parcourir la voie douloureuse qui va d'une porte à l'autre. La société des Auxiliatrices s'unissant aux prières, aux suffrages perpétuels de l'Église catholique, se transporte perpétuellement en esprit auprès de ces âmes ; elle les accompagne dans cette voie de douleur, elle s'efforce de rafraîchir l'ardeur qui les consume, elle accélère leur marche, et ne les quitte pas qu'elle ne les voie enfin au seuil de la porte qui communique avec le ciel !

Telle est, aux yeux de la foi, la mission des Auxiliatrices du purgatoire. Qu'une pareille vie est noblement, saintement employée ! Quel ministère céleste que celui de ces anges tutélaires, de ces magnanimes consolatrices qui perpétuellement compatissent aux souffrances des âmes du purgatoire, en diminuent la durée par leurs prières, et du sein de ces feux les transmettent enfin aux inénarrables extases de la vision béatifique !

Cette béatitude proclamée par la bouche du SAUVEUR : « Heureux les miséricordieux parce qu'ils obtiendront miséricorde, » sera l'éternel apanage des religieuses de cet Institut.

La très-sainte TRINITÉ voit son image dans les âmes du purgatoire ; elle habite en elles par sa grâce ; elle aime infiniment ces âmes auxquelles elle doit se donner pendant toute l'éternité, les rendant participantes de sa gloire et de sa béatitude infinies. Mais, malgré tant d'amour, DIEU est lié par sa justice infinie. Cette justice doit exercer ses droits, et elle doit avoir son cours , si des médiateurs et des médiatrices ne l'apaisent, ne la fléchissent, ne la désarment. Le Ciel tout entier est pour la justice, tous se rangent du côté de DIEU et des droits de sa justice. Mais l'Église de la terre a le pouvoir de la fléchir et de la désarmer. Et les Auxiliatrices sont en particulier investies de ce pouvoir, et toute leur vie se passe, comme nous l'avons dit, à apaiser, à fléchir, à désarmer la justice de DIEU. Avec l'Église catholique, elles ne cessent de dire ce qu'elle lui dit chaque jour au moment solennel du Sacrifice : « A ces âmes, et à toutes celles qui reposent en JÉSUS-CHRIST, daignez, SEIGNEUR, nous vous en supplions, au nom de JÉSUS-CHRIST, accorder un lieu de rafraîchissement, de lumière et de paix ! — *Ipsis, Domine, et omnibus in Christo quiescentibus, locum refrigerii, lucis et pacis, ut indulgeas, deprecamur, per eumdem Christum Dominum nostrum !* »

DIEU, qui désire d'un désir infini se donner à ces âmes infiniment aimées, dès qu'elles seront assez pures pour l'union béatifique, ne peut regarder qu'avec un œil de complaisance les vierges chrétiennes qui aident ces âmes à se purifier : il comblera de ses miséricordes ces compatissantes médiatrices qui se sont interposées entre sa justice et sa clémence, et qui ont fait prévaloir sa clémence. Ainsi la très-sainte Trinité mesurera la grandeur de ses miséricordes envers elles, sur l'amour qu'il a pour les âmes qu'elles ont délivrées.

Jésus-Christ voit dans les âmes du purgatoire la conquête de son sang. Il les voit toutes couvertes de ses mérites et enrichies des trésors de sa grâce. Il les aime de tout l'amour d'un Dieu Créateur et Rédempteur. Par la pente de son cœur, il voudrait les enlever à ces feux qui les purifient ; mais en tant que Dieu, il est lié par sa justice. Il s'échappe donc un cri perpétuel de son cœur. « Et qui désarmera ma justice, afin que ces âmes si chères puissent se précipiter dans mes bras ! » Ce cri, les Auxiliatrices des âmes du purgatoire l'ont entendu. Et combien ce divin Cœur aimera les médiatrices qui brisent les chaines de ces âmes captives !

La très-sainte Vierge, qui est la Mère de la grâce et de la Miséricorde, *Mater gratiæ, Mater misericordiæ,* aime inénarrablement ces âmes plongées dans les flammes expiatrices. Mais son cœur, comme celui de son divin fils, est enchaîné par la justice, il ne peut suivre la pente de son amour. Désarmer cette justice, ouvrir ces cachots, délivrer ces âmes, les conduire jusque dans les bras de cette divine Mère, de cette Reine du Ciel, quel titre à l'amour de son cœur ! Comme cette Trésorière du Ciel, cette Dispensatrice des grâces de Dieu, se montrera libérale et reconnaissante envers les vierges qui auront concouru, avec l'Église militante, à délivrer des âmes qui lui étaient si chères !

Les âmes qui auront été secourues et qui auront vu leurs peines abrégées par ces généreuses Auxiliatrices, appelleront sur elles l'abondance des miséricordes divines. Au ciel, il n'y a point d'ingrats, c'est la patrie des nobles enfants de Dieu. Ainsi ces âmes secourues et délivrées garderont une éternelle souvenance du dévouement de leurs libératrices ; et comme elles se sentiront impuissantes à reconnaître un tel bienfait, elles diront à Dieu : Dieu Tout-Puissant, acquittez Vous-même notre dette et comblez de vos miséricordes vos fidèles servantes qui nous ont ouvert le ciel ! Et pendant toute l'éternité, elles ne cesseront de bénir leurs libératrices.

Tous les saints, toutes les saintes du paradis, toutes les milices des esprits célestes partageront la reconnaissance des âmes secourues et délivrées ; ils regarderont comme un bienfait personnel ce qui a été fait pour leur rafraîchissement et leur délivrance. Ces âmes, diront-ils, sont nos sœurs, nos cohéritières, nos concitoyennes ; ainsi, ce que l'on a fait pour elles, on l'a fait pour nous. Que ces vierges auxiliatrices soient à jamais bénies, et Vous, Seigneur, qui êtes infiniment riche en miséricorde, répandez-la sans mesure sur celles qui nous ont donné ces saintes âmes !

Tel est le nouvel Institut dont Dieu a doté son Église en ce siècle. Il nous reste à faire connaître la vierge chrétienne qui l'a fondé. (1) Cette élue du Seigneur est Eugénie-Marie-Joséphine Smet de Montdhiver, née à Lille, le 25 mars 1825, le jour même de l'Annonciation de la très sainte Vierge. Henri Smet son père appartient à une des familles les plus honorables de la ville, et par sa mère Pauline de Montdhiver elle est alliée à la plus ancienne aristocratie du Nord. Dès le berceau, Dieu veille sur elle avec un amour de prédilection ; il forme en elle, dès ses plus tendres années, la future Auxiliatrice des âmes du purgatoire. Il la fait magnanime ; il lui donne un grand cœur, une intelligence élevée ; il allume de bonne heure en son âme une tendre compassion pour les âmes du purgatoire, avec un désir ardent de les secourir. Par des lumières surnaturelles, il la prépare et l'initie peu à peu à la mission qu'il lui réserve. Dès que la volonté de Dieu est connue, cette âme souverainement heureuse s'offre en holocauste pour l'accomplir. Le 19 janvier 1856, elle fonde à Paris l'Institut, si cher à Dieu et à l'Eglise, des religieuses Auxiliatrices des âmes du purgatoire. Dès ce jour, ne voulant s'appuyer que sur Dieu, Eugénie-Marie-Joséphine Smet de Montdhiver prend le nom de Marie de la Providence. Le grain de senevé, qu'elle a semé, devient

(1) Sa *Vie* a été écrite par une de ses premières filles. Rien de plus touchant que ce récit. Le saint portrait de la fondatrice est fidèlement légué à la postérité.

Cette *Vie* se trouve chez Lecoffre, libraire, rue Bonaparte, 90, Paris.

un grand arbre, et quand Dieu l'appelle à lui, le 7 février 1871, elle laisse aux âmes du purgatoire une dotation plus que royale qui, de siècle en siècle, créera à l'Église souffrante d'aussi riches, d'aussi puissants secours que l'Œuvre de la propagation de la foi, à l'Église militante. Le nom de cette héroïne, de cette vierge de Jésus-Christ, demeure, à la suite des autres grandes fondatrices, inscrit à jamais dans les annales de l'Église. Elle recueillera les bénédictions de tous les peuples. Et jusqu'au dernier jour du monde, sa gloire accidentelle croîtra à mesure que le Purgatoire transmettra à la vision béatifique les âmes divinement purifiées par ses feux.

Paris, fête de saint Denis, martyr,
9 octobre 1879.

MAISONS

# DES AUXILIATRICES DU PURGATOIRE

EN EUROPE

PARIS. — Rue de la Barouillère, 16.

NANTES. — Boulevard Delorme, 18.

CANNES (Alpes-Maritimes). — Chemin Saint-Nicolas.

ORLÉANS. — Rue du Dévidet, 4.

TOURCOING. — Rue de Lille, 60.

MONTMARTRE. — Rue Marie-Antoinette, 9.

LONDRES. — Queen Anne Street, 23. W.

BRUXELLES. — Rue de Josaphat, 9.

Paris. - Imp. St-Générosus. - J. Mersch, 33, b. d'Enfer. 4 1100

www.ingramcontent.com/pod-product-compliance
Lightning Source LLC
LaVergne TN
LVHW020306230826
846091LV00006B/2563
* 9 7 8 2 3 2 9 3 8 4 5 0 4 *